Mango une marque de Fleurus Éditions
www.fleuruseditions.com

Jean-Luc Sady

Craquez pour le caramel !

30 recettes pour fondre de plaisir

Photos : Julie Méchaly
Réalisation et stylisme : Isabelle Guerre

MANGO

Sommaire

Mes petits caramels

Préparation
25 minutes
+ 24 heures de repos

Cuisson
14 à 16 minutes

Ingrédients pour 500 g de caramels environ
1 gousse de vanille
30 cl de crème liquide
10 g de beurre
50 g de miel
300 g de sucre semoule

Bon à savoir !
Pour obtenir un caramel à 125 °C, j'utilise une thermo-sonde. Je vous conseille d'investir dans ce petit appareil peu onéreux qui vous sera d'une grande utilité pour la cuisson de vos foies gras, rôtis, crèmes anglaises, confitures, etc.

/ Dans une casserole à fond épais, faites cuire à feu vif le sucre et le miel avec 4 cuillerées à soupe d'eau jusqu'à l'obtention d'un caramel brun, soit 6 minutes environ.
/ Déglacez avec la crème, ajoutez la gousse de vanille fendue en deux et faites cuire 8 à 10 minutes, jusqu'à atteindre 125 °C.
/ Hors du feu, retirez la vanille, incorporez le beurre et versez la préparation dans un plat de 20 x 20 cm recouvert de papier sulfurisé.
/ Laissez reposer 24 heures à température ambiante avant de découper vos caramels en carrés.
/ Conditionnez vos caramels dans du papier cellophane et conservez-les 15 jours dans une boîte hermétique à température ambiante.

- **Caramels au café :** ajoutez 2 cuillerées à café de café soluble en fin de cuisson.
- **Caramels aux figues et aux noix :** ajoutez 30 g de noix grossièrement hachées et 30 g de figues sèches coupées en cubes en fin de cuisson.
- **Caramels au sésame :** après avoir versé le caramel dans le plat, saupoudrez-le de 10 g de sésame doré.
- **Caramels aux spéculos :** ajoutez 40 g de spéculos coupés en petits morceaux en fin de cuisson.
- **Caramels au chocolat :** dans une casserole, faites caraméliser 250 g de sucre et 30 g de miel avec 4 cuillerées à soupe d'eau. Ajoutez 15 g de beurre salé, 22 cl de crème liquide et 120 g de chocolat noir à 52 % et faites cuire jusqu'à 125 °C.

Caramels à la fleur de sel

Préparation
25 minutes
+ 24 heures de repos

Cuisson
13 à 15 minutes

Ingrédients pour
500 g de caramels environ
15 cl de crème liquide
150 g de beurre demi-sel mou
60 g de miel de lavande
300 g de sucre semoule
2 g de fleur de sel

/ Dans un saladier, mélangez 30 g de beurre avec la fleur de sel. Réservez.

/ Dans une casserole à fond épais, faites cuire à feu vif le sucre et le miel avec 3 cuillerées à soupe d'eau jusqu'à l'obtention d'un caramel légèrement brun, soit 5 minutes environ.

/ Déglacez avec la crème et le reste de beurre. Faites cuire 8 à 10 minutes en remuant de temps à autre, jusqu'à atteindre 125 °C.

/ Hors du feu, incorporez le mélange beurre-fleur de sel et versez aussitôt dans un plat de 20 x 20 cm recouvert de papier sulfurisé.

/ Laissez reposer à température ambiante pendant 24 heures avant de découper vos caramels en carrés.

/ Conditionnez vos caramels dans du papier cellophane et conservez-les 15 jours dans une boîte hermétique à température ambiante.

Christmas toffees

Préparation
25 minutes
+ 24 heures de repos

Cuisson
14 à 16 minutes

Ingrédients pour
500 g de caramels environ
30 g de raisins secs
30 g d'écorces d'orange confites
30 g d'écorces de citron confites
1 petite cuillerée à café de cannelle en poudre
1 petite cuillerée à café d'épices à pain d'épice
1 pincée de gingembre en poudre
25 cl de crème liquide
50 g de beurre
60 g de miel de sapin
300 g de sucre semoule

/ Dans une casserole à fond épais, faites cuire à feu vif le sucre et le miel avec 4 cuillerées à soupe d'eau jusqu'à l'obtention d'un caramel brun, soit 6 minutes environ.

/ Déglacez avec la crème et le beurre. Faites cuire 8 à 10 minutes en remuant de temps à autre, jusqu'à atteindre 125 °C.

/ Hors du feu, incorporez les épices, les raisins secs et les écorces d'agrume confits et versez aussitôt dans un plat de 20 x 20 cm recouvert de papier sulfurisé.

/ Laissez reposer à température ambiante pendant 24 heures avant de découper vos caramels en petites barres.

/ Conditionnez vos caramels dans du papier cellophane et conservez-les 15 jours dans une boîte hermétique à température ambiante.

Crème de pommes façon Tatin à tartiner

Préparation
25 minutes

Cuisson
26 minutes environ

Ingrédients pour 6 personnes
600 g de pommes type boskoop (poids net épluchées)
1 cuillerée à café de jus de citron
90 g de beurre demi-sel
300 g de sucre semoule

/ Coupez les pommes en quartiers.

/ Dans une casserole à fond épais, faites cuire à feu vif le sucre avec 5 cuillerées à soupe d'eau et le jus de citron jusqu'à l'obtention d'un caramel brun, soit 6 minutes environ.

/ Ajoutez le beurre coupé en gros cubes et les quartiers de pommes.

/ Portez à ébullition, baissez le feu et faites cuire à feu doux pendant 20 minutes environ, en remuant de temps en temps, jusqu'à ce que les pommes soient confites. Retirez du feu et mixez jusqu'à l'obtention d'une consistance crémeuse.

/ Versez dans 6 pots et laissez refroidir.

/ Fermez hermétiquement les pots et conservez au froid. Cette crème Tatin peut se garder au réfrigérateur pendant 3 semaines. Les pots stérilisés à 100 °C pendant 15 minutes peuvent se conserver pendant 1 an.

Cheesecake au caramel et aux noix de pécan

Préparation
25 minutes
+ 2 h 30 au réfrigérateur

Cuisson
30 minutes environ

Ingrédients pour 6 personnes
60 g de noix de pécan entières
Le zeste de 1 citron râpé
3 œuf
125 g de farine
6 petits-suisses à 20 % de matière grasse
15 cl de crème liquide
1 cuillerée à café de jus de citron
85 g de beurre pommade
40 g de cassonade
210 g de sucre semoule

/ Dans un saladier, mélangez la cassonade avec le beurre puis incorporez la farine.
/ Étalez cette pâte au fond d'un moule de 20 x 20 cm recouvert de papier sulfurisé. Réservez 30 minutes au réfrigérateur.
/ Préchauffez le four à 180 °C (th. 6).
/ Dans un saladier, fouettez les petits-suisses avec 60 g de sucre semoule, les œufs et le zeste de citron jusqu'à l'obtention d'un mélange crémeux. Versez ce mélange sur la pâte. Enfournez et faites cuire 25 minutes. Laissez refroidir et réservez 2 heures au réfrigérateur.
/ Dans une casserole à fond épais, faites cuire à feu vif le reste de sucre avec 3 cuillerées à soupe d'eau et le jus de citron jusqu'à l'obtention d'un caramel brun, soit 5 minutes environ.
/ Déglacez avec la crème liquide et faites cuire pendant 2 minutes.
/ Hors du feu, ajoutez les noix de pécan.
/ Au moment de servir, nappez les parts de cheesecake de caramel aux noix de pécan.

Verrines pralin, caramel et gavottes

Préparation
20 minutes
+ 2 heures au réfrigérateur

Cuisson
10 minutes environ

Ingrédients pour 6 personnes
12 gavottes
100 g de pralin
3 œufs + 1 jaune
30 g de farine
40 cl de lait
10 cl de crème liquide
1 cuillerée à café de jus de citron
30 g de beurre
190 g de sucre semoule

/ Dans une casserole à fond épais, faites cuire à feu vif 100 g de sucre avec 3 cuillerées à soupe d'eau et le jus de citron jusqu'à l'obtention d'un caramel brun, soit 5 minutes environ. Versez la crème liquide en fouettant puis portez de nouveau à ébullition pendant 1 minute.

/ Hors du feu, incorporez le beurre coupé en petits morceaux. Répartissez dans 6 verrines et réservez au réfrigérateur.

/ Dans une casserole, portez le lait à ébullition.

/ Séparez les blancs d'œufs des jaunes. Dans un saladier, battez les 4 jaunes d'œufs avec le reste de sucre jusqu'à ce qu'ils blanchissent, puis incorporez la farine. Versez le lait bouillant sur ce mélange en fouettant vivement. Transvasez dans une casserole et portez à ébullition.

/ Hors du feu, incorporez le pralin. Laissez refroidir.

/ Montez les blancs en neige ferme et mélangez-les à la préparation précédente.

/ Versez cette crème dans les verrines et réservez 2 heures au réfrigérateur.

/ Au moment de servir, émiettez grossièrement les gavottes sur les crèmes.

Riz au lait aux abricots et butterscotch

Préparation
30 minutes

Cuisson
25 minutes environ

Ingrédients pour 6 personnes
120 g de riz arborio
12 gros abricots
1 gousse de vanille
50 cl de lait
25 cl de lait de coco
12 cl de crème liquide
60 g de beurre
160 g de miel de sapin
60 g de sucre semoule
140 g de cassonade
30 g de noix de coco râpée pour la déco

/ Dans une casserole, portez à ébullition le lait, le lait de coco et la gousse de vanille fendue en deux. Ajoutez le riz et laissez frémir pendant 20 minutes, en remuant régulièrement, jusqu'à ce que tout le liquide soit absorbé.

/ Hors du feu, incorporez le sucre semoule. Laissez refroidir et réservez au réfrigérateur.

/ Dans une casserole, portez à ébullition le beurre, la cassonade, le miel et la crème et faites cuire pendant 3 minutes en fouettant constamment. Retirez la casserole du feu et réservez.

/ Ouvrez les abricots en deux, ôtez les noyaux.

/ Remplissez la cavité d'une moitié des abricots de riz au lait, recouvrez de l'autre moitié des abricots. Nappez de sauce butterscotch et saupoudrez de noix de coco râpée.

/ Servez aussitôt.

Fingers caramel-framboises

Préparation
30 minutes
+ 3 heures de repos

Cuisson
15 minutes

Ingrédients pour 6 personnes
50 g de caramels durs
300 g de framboises
25 g de poudre de noisettes
120 g de confiture de lait
100 g de farine
3 feuilles de gélatine
85 g de beurre pommade
70 g de cassonade

/ Préchauffez le four à 180 °C (th. 6).

/ Dans un saladier, mélangez le beurre avec 40 g de cassonade, puis incorporez la farine et la poudre de noisettes. Versez la préparation dans le fond d'un moule de 20 x 20 cm recouvert de papier sulfurisé. Réservez 30 minutes au réfrigérateur.

/ Enfournez et faites cuire le fond de pâte pendant 15 minutes. Sortez du four et laissez refroidir.

/ Étalez la confiture de lait sur la pâte, répartissez dessus les caramels durs concassés en les pressant légèrement. Réservez au réfrigérateur.

/ Pendant ce temps, faites tremper les feuilles de gélatine 10 minutes dans de l'eau froide.

/ Mixez finement les framboises avec le reste de cassonade. Versez le tout dans une casserole et portez à ébullition.

/ Hors du feu, ajoutez les feuilles de gélatine essorées. Mélangez et laissez refroidir 30 minutes environ (le coulis de framboises doit être froid, sinon, il fera fondre la confiture de lait). Versez sur le mélange confiture de lait-caramels. Réservez 2 heures au réfrigérateur.

/ Au moment de servir, découpez la préparation en fingers.

Coupes mont-blanc, caramel au beurre salé

Préparation
25 minutes
+ 1 h 30 au réfrigérateur

Cuisson
3 minutes environ

Ingrédients pour 6 personnes
600 g de crème de marrons
50 g de cerneaux de noix
2 blancs d'œufs
1 cuillerée à café de jus de citron
30 cl de crème liquide
40 g de beurre salé
150 g de sucre semoule

/ Montez les blancs d'œufs en neige ferme et mélangez-les délicatement à la crème de marrons. Répartissez dans 6 coupes et réservez 1 heure au réfrigérateur.

/ Versez 15 cl de crème liquide dans un saladier. Réservez 30 minutes au congélateur. Après ce temps, montez la crème en chantilly ferme. Réservez au réfrigérateur.

/ Dans une casserole à fond épais, faites cuire à feu vif le sucre avec 3 cuillerées à soupe d'eau et le jus de citron jusqu'à l'obtention d'un caramel blond, soit 2 minutes environ. Déglacez avec le reste de crème en fouettant vivement et faites cuire pendant 1 minute.

/ Retirez la casserole du feu, incorporez le beurre et laissez tiédir quelques minutes.

/ Versez le caramel en filet sur la crème chantilly en créant un effet marbré et répartissez les noix grossièrement concassées sur les coupes.

/ Servez immédiatement ou réservez au réfrigérateur.

Petits-beurre fourrés au caramel de réglisse

Préparation
20 minutes
+ 3 heures au réfrigérateur

Cuisson
5 minutes

Ingrédients pour
20 petits biscuits fourrés
100 g de bonbons Krema Batna®
10 cl de crème liquide

Pour les petits-beurre
320 g de farine
1 œuf
150 g de beurre pommade
130 g de sucre semoule

/ Coupez les bonbons en cubes.

/ Versez la crème liquide dans une casserole, ajoutez les bonbons et faites cuire le mélange 5 minutes environ à feu très doux en remuant sans cesse à l'aide d'une spatule, jusqu'à l'obtention d'une pâte crémeuse.

/ Versez-la dans un bol et réservez 2 heures au réfrigérateur afin que la pâte se solidifie un peu.

/ Dans un saladier, mélangez le beurre et le sucre. Incorporez l'œuf puis la farine en mélangeant rapidement, sans trop travailler la pâte.

/ Formez une boule de pâte. Recouvrez-la de film alimentaire et réservez 3 heures au réfrigérateur.

/ Préchauffez le four à 180 °C (th. 6).

/ Sur un plan de travail fariné, étalez la pâte sur 4 mm d'épaisseur. À l'aide d'une roulette à pâtisserie, découpez 40 petits-beurre de 5 x 5 cm. Déposez-les sur la plaque du four recouverte de papier sulfurisé. Piquez-les à l'aide d'une fourchette. Faites-les cuire 12 minutes. Laissez refroidir.

/ À l'aide d'un petit couteau à beurre, tartinez 20 petits-beurre de caramel crémeux au réglisse, recouvrez avec les 20 biscuits restants en appuyant très légèrement dessus et servez aussitôt.

Bananes caramélisées, sauce aigre-douce

Préparation
20 minutes

Cuisson
20 minutes environ

Ingrédients pour 6 personnes
6 petites bananes
120 g de chair de mangue
2 cuillerées à soupe de crème de balsamique
1 cuillerée à café de jus de citron
50 g de beurre
50 g de cassonade
150 g de sucre semoule

/ Mixez finement la chair de mangue. Réservez.

/ Dans une casserole à fond épais, faites cuire à feu vif le sucre semoule avec 3 cuillerées à soupe d'eau et le jus de citron jusqu'à l'obtention d'un caramel brun, soit 5 minutes environ.

/ Déglacez avec la pulpe de mangue et 5 cuillerées à soupe d'eau et faites cuire pendant 10 minutes en remuant constamment pour faire épaissir cette sauce. Retirez du feu, ajoutez la crème de balsamique en fouettant. Réservez.

/ Épluchez et tranchez les bananes en deux, dans le sens de la longueur.

/ Dans une poêle, faites fondre le beurre et la cassonade. Faites dorer les bananes pendant 3 à 4 minutes uniquement sur la face plate.

/ Retirez du feu, répartissez les bananes côté bombé dans 6 coupes et nappez-les de caramel aigre-doux.

/ Servez aussitôt.

Clémentines au caramel, madeleines à la fleur d'oranger

Préparation
30 minutes
+ 6 heures au réfrigérateur

Cuisson
20 minutes

Ingrédients pour 6 personnes
6 clémentines
2 œufs
100 g de farine
½ cuillerée à café de levure alsacienne
1 gousse de vanille
1 étoile de badiane
2 cuillerées à soupe d'eau de fleur d'oranger
20 cl de jus de mandarine ou clémentine
10 cl de jus d'ananas
1 cuillerée à café de jus de citron
75 g de beurre fondu
+ un peu pour les moules
200 g de sucre semoule

/ Préchauffez le four à 180 °C (th. 6).

/ Épluchez les clémentines. À l'aide d'un petit couteau, enlevez le maximum de filaments blancs. Séparez les quartiers et déposez-les dans un saladier.

/ Dans une casserole à fond épais, faites cuire à feu vif 100 g de sucre avec 3 cuillerées à soupe d'eau et le jus de citron jusqu'à l'obtention d'un caramel brun, soit 5 minutes environ.

/ Déglacez avec les jus de fruits, ajoutez la gousse de vanille fendue en deux et la badiane. Portez à ébullition et laissez cuire 2 minutes.

/ Versez sur les quartiers de clémentines, laissez refroidir et réservez 3 heures au réfrigérateur.

/ Dans un saladier, battez les œufs avec le reste de sucre jusqu'à ce qu'ils blanchissent. Incorporez peu à peu la farine et la levure, ajoutez le beurre fondu et la fleur d'oranger. Mélangez soigneusement et réservez 3 heures au réfrigérateur.

/ Répartissez la pâte dans des moules à madeleines beurrés. Enfournez et faites cuire 12 minutes environ.

/ Servez les clémentines au caramel accompagnées des madeleines tièdes.

Îles flottantes au café, caramel aux noisettes

Préparation
30 minutes
+ 2 heures au réfrigérateur

Cuisson
10 minutes

Ingrédients pour 6 personnes
200 g de chocolat noir à 70 %
60 g de noisettes grossièrement hachées
2 cuillerées à soupe de café soluble
4 œufs entiers + 2 blancs
25 g de farine
6 feuilles de gélatine
1 cuillerée à café de jus de citron
30 cl de lait
15 cl de crème liquide
250 g de sucre semoule

/ Chemisez 6 moules demi-sphériques de 10 cm de diamètre avec du film alimentaire.

/ Faites tremper les feuilles de gélatine dans de l'eau froide pendant 10 minutes.

/ Séparez les blancs d'œufs des jaunes. Dans un saladier, battez énergiquement les 4 jaunes d'œufs avec 80 g de sucre. Incorporez la farine.

/ Dans une casserole, portez le lait à ébullition et ajoutez le café soluble. Versez le contenu de la casserole sur la préparation précédente en fouettant vivement. Transvasez le tout dans la casserole et portez à ébullition. Hors du feu, ajoutez la gélatine essorée. Mélangez délicatement et laissez refroidir 5 minutes.

/ Montez les 6 blancs en neige ferme avec 20 g de sucre. Incorporez-les délicatement à la crème au café. Répartissez dans les coupelles et réservez 2 heures au réfrigérateur.

/ Dans une casserole à fond épais, faites cuire à feu vif le reste de sucre avec 3 cuillerées à soupe d'eau et le jus de citron jusqu'à l'obtention d'un caramel brun, soit 5 minutes environ.

/ Déglacez avec la crème liquide et faites cuire pendant 2 minutes. Ajoutez les noisettes hachées. Mélangez et réservez.

/ Faites fondre le chocolat cassé en morceaux au bain-marie.

/ Versez le caramel sur 6 assiettes, démoulez les îles flottantes par-dessus et nappez-les de chocolat chaud. Servez aussitôt.

Gratins de fruits au caramel

Préparation
15 minutes

Cuisson
20 minutes

Ingrédients pour 6 personnes
500 g de fruits au choix : pêches, kiwis, poires, ananas, raisin… (poids net épluchés)
200 g de caramels durs
2 œufs + 2 jaunes
20 cl de lait de coco
20 cl de crème liquide
40 g de sucre semoule

/ Préchauffez le four à 200 °C (th. 6-7).
/ Dans un saladier, fouettez la crème avec le lait de coco, le sucre, les œufs et les jaunes.
/ Répartissez les fruits dans 6 ramequins à crème brûlée. Versez dessus la préparation.
/ Enfournez et faites cuire 20 minutes jusqu'à ce que les gratins dorent légèrement. Sortez-les du four et laissez refroidir 5 minutes.
/ Concassez les caramels durs assez finement, répartissez-les sur les gratins et servez aussitôt.

Crumble de pommes au Salidou®

Préparation
30 minutes
+ 1 heure au réfrigérateur

Cuisson
30 minutes environ

Ingrédients pour 6 personnes
6 pommes type reine des reinettes
80 g de poudre de noisettes
80 g de farine
1 cuillerée à café de jus de citron
35 g de beurre demi-sel
80 g de beurre doux
3 cuillerées à soupe de miel
220 g de sucre semoule
80 g de cassonade

/ Préchauffez le four à 180 °C (th. 6).

/ Dans un saladier, mélangez la farine et la poudre de noisettes avec le beurre doux et la cassonade. Émiettez la préparation sur la plaque du four recouverte de papier sulfurisé et faites cuire 10 minutes environ. Réservez.

/ Épluchez et coupez les pommes en cubes.

/ Dans une casserole à fond épais, faites cuire à feu vif le sucre avec 4 cuillerées à soupe d'eau et le jus de citron jusqu'à l'obtention d'un caramel brun, soit 6 minutes environ. Ajoutez le beurre demi-sel et la moitié des cubes de pommes. Faites frémir pendant 10 minutes.

/ Retirez du feu, mixez finement et versez dans 6 verrines. Réservez 1 heure au réfrigérateur.

/ Dans une poêle, faites chauffer le miel à feu vif et ajoutez le reste des cubes de pommes. Faites-les rissoler pendant 5 minutes (ils doivent rester un peu ferme). Déposez-les dans les verrines, sur le caramel.

/ Répartissez le crumble dans les verrines et servez aussitôt.

Frangipane au citron caramélisée

Préparation
20 minutes
+ 3 heures au réfrigérateur

Cuisson
5 minutes environ

Ingrédients pour 6 personnes
180 g de poudre d'amandes
Le zeste de 4 citrons râpé
6 jaunes d'œufs
60 g de farine
75 cl de lait
180 g de sucre semoule
60 g de cassonade

/ Dans une casserole, portez le lait à ébullition.

/ Dans un saladier, battez les jaunes d'œufs avec le sucre semoule jusqu'à ce qu'ils blanchissent puis incorporez la farine. Versez le lait bouillant sur ce mélange en fouettant vivement, transvasez dans la casserole et portez à ébullition.

/ Retirez du feu. Ajoutez la poudre d'amandes et le zeste des citrons. Mélangez.

/ Répartissez la préparation dans 6 ramequins à crème brûlée et réservez 3 heures au réfrigérateur.

/ Au moment de servir, saupoudrez de cassonade et caramélisez au chalumeau.

Panna cotta coco, ananas et caramel

Préparation
30 minutes
+ 3 heures au réfrigérateur

Cuisson
8 minutes environ

Ingrédients pour 6 personnes
300 g de chair d'ananas
60 g de noix de coco râpée
1 gousse de vanille
4 feuilles de gélatine
1 cuillerée à café de jus de citron
40 cl de lait de coco
40 cl de crème liquide
40 g de beurre
280 g de sucre semoule

/ Faites tremper les feuilles de gélatine dans de l'eau froide pendant 10 minutes.

/ Dans une casserole, portez le lait de coco à ébullition avec 20 cl de crème liquide, 80 g de sucre et la gousse de vanille fendue en deux. Retirez la casserole du feu, ôtez la gousse de vanille, ajoutez les feuilles de gélatine essorées puis la noix de coco râpée. Mélangez puis versez la préparation dans 6 verrines. Réservez 3 heures au réfrigérateur.

/ Dans une casserole à fond épais, faites cuire à feu vif le reste de sucre avec 3 cuillerées à soupe d'eau et le jus de citron jusqu'à l'obtention d'un caramel brun, soit 5 minutes environ. Versez le reste de crème liquide en fouettant vivement, puis portez de nouveau à ébullition pendant 1 minute.

/ Hors du feu, incorporez le beurre coupé en petits morceaux.

/ Coupez la chair d'ananas en cubes, répartissez-les sur chaque panna cotta et nappez de caramel.

/ Servez aussitôt.

Pressés poires-ananas, sauce ginger toffee

Préparation
25 minutes
+ 2 heures au réfrigérateur

Cuisson
13 minutes environ

Ingrédients pour 6 personnes
3 poires
600 g de chair d'ananas
1 cuillerée à café de gingembre en poudre
1 gousse de vanille
1 cuillerée à café de jus de citron
12 cl de crème liquide
40 g de beurre
60 g de cassonade
120 g de sucre semoule

/ Épluchez les poires. Coupez l'ananas et les poires en cubes.

/ Dans une poêle, faites fondre le beurre et la cassonade à feu vif. Ajoutez les poires, l'ananas et la gousse de vanille fendue en deux. Faites rissoler le tout pendant 7 minutes environ.

/ Répartissez les fruits dans des cercles de 8 cm de diamètre posés sur 6 assiettes et tassez avec un poussoir (ou le dos d'une cuillère). Réservez 2 heures au réfrigérateur.

/ Dans une casserole à fond épais, faites cuire à feu vif le sucre semoule avec 3 cuillerées à soupe d'eau et le jus de citron jusqu'à l'obtention d'un caramel brun, soit 5 minutes environ. Déglacez avec la crème et maintenez l'ébullition pendant 1 minute.

/ Hors du feu, incorporez le gingembre.

/ Démoulez les pressés, versez autour 1 filet de sauce ginger toffee et servez aussitôt.

Pastillas aux poires, crème au Carambar®

Préparation
15 minutes
+ 1 heure au réfrigérateur

Cuisson
20 minutes

Ingrédients pour 6 personnes
6 feuilles de brick
3 poires
100 g de Carambar®
10 cl de crème liquide
80 g de beurre
40 g de cassonade
Sucre glace pour servir

/ Dans une casserole à fond épais, versez la crème liquide et les Carambar® coupés en morceaux. Faites fondre à feu doux, sans cesser de remuer, jusqu'à l'obtention d'un caramel crémeux, soit 5 minutes environ.
/ Retirez du feu et réservez 1 heure au réfrigérateur.
/ Préchauffez le four à 180 °C (th. 6).
/ Épluchez les poires et coupez-les en cubes.
/ Dans une poêle, faites chauffer à feu vif 40 g de beurre et la cassonade. Ajoutez les cubes de poires et faites-les rissoler 5 minutes environ. Retirez du feu et réservez.
/ Badigeonnez les feuilles de brick au pinceau avec le reste de beurre fondu.
/ Répartissez les poires au centre des feuilles de brick, déposez dessus la crème au Carambar® et repliez-les de façon à obtenir un carré.
/ Déposez les pastillas sur un plat allant au four recouvert de papier sulfurisé. Enfournez et faites cuire 10 minutes.
/ À la sortie du four, saupoudrez les pastillas de sucre glace et servez aussitôt.

Macarons au caramel de foie gras

Préparation
20 minutes
+ 50 minutes de repos

Cuisson
20 minutes

Ingrédients pour 20 macarons
50 g de foie gras de canard mi-cuit
120 g de poudre d'amandes
Le zeste d'½ orange râpé
1 pincée d'épices à pain d'épice
4 blancs d'œufs
5 cl de crème liquide
1 cuillerée à café de jus de citron
85 g de beurre
225 g de sucre semoule
190 g de sucre glace

/ Dans un saladier, mélangez la poudre d'amandes avec le sucre glace.

/ Dans un autre saladier, montez les blancs en neige ferme avec 50 g de sucre semoule. Incorporez-les délicatement à la préparation précédente.

/ À l'aide d'une poche à douille, déposez des petits tas de pâte de 5 cm de diamètre sur une plaque allant au four recouverte de papier sulfurisé. Laissez croûter à l'air libre pendant 20 minutes.

/ Préchauffez le four à 160 °C (th. 5-6).

/ Enfournez les macarons et faites-les cuire 12 minutes environ. Sortez-les du four et laissez-les refroidir.

/ Dans une casserole à fond épais, faites cuire à feu vif le reste de sucre semoule avec 2 cuillerées à soupe d'eau et le jus de citron jusqu'à l'obtention d'un caramel brun, soit 4 minutes environ.

/ Déglacez avec la crème puis portez à ébullition. Retirez du feu, incorporez le beurre coupé en petits morceaux, le zeste d'orange et les épices. Mixez finement avec le foie gras. Réservez 30 minutes, jusqu'à l'obtention d'une pâte souple.

/ Garnissez les macarons de cette préparation et réservez au réfrigérateur jusqu'au moment de servir.

Cappuccino de mangues façon Tatin

Préparation
25 minutes
+ 30 minutes au réfrigérateur

Cuisson
21 minutes environ

Ingrédients pour 6 personnes
4 mangues d'environ 400 g chacune
20 g de noix de coco râpée
Le zeste de 1 citron vert râpé
1 cuillerée à café de jus de citron
20 cl de crème liquide froide
35 g de beurre
200 g de sucre semoule
10 g de sucre glace

/ Épluchez, dénoyautez les mangues et coupez-les en morceaux.
/ Dans une casserole à fond épais, faites cuire à feu vif le sucre semoule avec 4 cuillerées à soupe d'eau et le jus de citron jusqu'à l'obtention d'un caramel brun, soit 6 minutes environ. Ajoutez le beurre et 600 g de chair de mangues et laissez cuire 15 minutes à feu moyen en remuant souvent.
/ Retirez la casserole du feu, mixez finement son contenu et versez-le dans 6 verrines. Réservez 30 minutes au réfrigérateur.
/ Mixez le reste de la chair de mangues en une fine purée et répartissez-la dans les verrines.
/ Montez la crème en chantilly ferme en ajoutant le sucre glace au fur et à mesure.
/ Incorporez délicatement le zeste de citron vert et la noix de coco râpée.
/ Déposez de la chantilly sur chaque cappuccino et servez aussitôt.

Faisselles de fromage blanc, caramel du mendiant

Préparation
25 minutes

Cuisson
6 minutes

Ingrédients pour 6 personnes
6 faisselles de fromage blanc Rians®
(100 g chacune)
20 g de figues sèches
20 g d'abricots secs
20 g d'amandes entières
20 g de pistaches
20 g de pignons de pin
1 cuillerée à café de jus de citron
20 cl de crème liquide
200 g de sucre semoule

/ Égouttez les faisselles.

/ Coupez les figues, les abricots et les amandes en fins bâtonnets. Mélangez-les avec les pistaches et les pignons. Réservez.

/ Dans une casserole à fond épais, faites cuire à feu vif le sucre avec 3 cuillerées à soupe d'eau et le jus de citron jusqu'à l'obtention d'un caramel brun, soit 5 minutes environ.

/ Versez la crème liquide en fouettant vivement. Portez à ébullition pendant 1 minute. Retirez du feu, ajoutez les fruits secs et réservez.

/ Démoulez les faisselles sur 6 assiettes et nappez de caramel du mendiant.

/ Servez aussitôt.

Pumpkin cakes, caramel à l'orange

Préparation
20 minutes

Cuisson
27 minutes environ

Ingrédients pour 6 personnes
400 g de purée de potiron
30 g de poudre de noisettes
Le zeste de 1 orange râpé
1 cuillerée à café de cannelle en poudre
1 pointe de couteau d'épices à pain d'épice
4 œufs
20 g de farine
10 cl de jus d'orange
1 cuillerée à café de jus de citron
10 cl de crème liquide
80 g de cassonade
200 g de sucre semoule
Beurre pour les ramequins

/ Préchauffez le four à 180 °C (th. 6).

/ Dans un saladier, mélangez la purée de potiron avec les œufs, la farine, la cassonade, la poudre de noisettes, la cannelle, les épices et le zeste d'orange. Répartissez dans 6 ramequins beurrés. Enfournez et faites cuire 20 minutes environ au bain-marie. Laissez refroidir les gâteaux à température ambiante.

/ Pendant ce temps, dans une casserole à fond épais, faites cuire à feu vif le sucre semoule avec 3 cuillerées à soupe d'eau et le jus de citron jusqu'à l'obtention d'un caramel brun, soit 5 minutes environ.

/ Déglacez avec la crème et le jus d'orange en fouettant vivement et faites cuire pendant 2 minutes. Laissez reposer quelques instants.

/ Démoulez les pumpkin cakes tièdes, nappez-les de caramel à l'orange et servez aussitôt.

Banoffee

Préparation
25 minutes

Cuisson
6 minutes environ

Ingrédients pour 6 personnes
150 g de chocolat noir à 70 %
2 bananes
160 g de biscuits Oreo®
160 g de cream cheese
ou fromage frais
Le jus de ½ citron
12 cl de crème liquide
30 g de beurre
150 g de sucre semoule

/ Dans un saladier, écrasez les biscuits à la fourchette avec le cream cheese. Répartissez au fond de 6 verrines.

/ Dans une casserole à fond épais, faites cuire à feu vif le sucre avec 3 cuillerées à soupe d'eau et 1 cuillerée à café de jus de citron jusqu'à l'obtention d'un caramel brun, soit 5 minutes environ.

/ Déglacez avec la crème et le beurre en fouettant vivement. Faites cuire encore 1 minute. Retirez du feu et laissez tiédir légèrement, puis versez dans les verrines et réservez au réfrigérateur.

/ Épluchez et coupez les bananes en fines rondelles, arrosez-les du reste de jus de citron et déposez-les dans les verrines sur le caramel.

/ Faites fondre le chocolat cassé en morceaux au bain-marie. Répartissez-le sur les bananes et servez aussitôt.

Figues, chèvre frais et caramel au vin de Maury

Préparation
20 minutes

Cuisson
10 minutes

Ingrédients pour 6 personnes
6 figues violettes
2 bûchettes de chèvre frais (environ 500 g)
16 cl de vin de Maury rouge
1 cuillerée à café de jus de citron
160 g de sucre semoule

/ Coupez les bûchettes de chèvre frais en fines tranches (environ 5 mm d'épaisseur) et répartissez-les en forme de corolle sur 6 assiettes.

/ Découpez chaque figue en quatre et déposez-les en rosace sur les tranches de chèvre frais. Réservez.

/ Dans une casserole à fond épais, faites cuire à feu vif le sucre avec 2 cuillerées à soupe d'eau et le jus de citron jusqu'à l'obtention d'un caramel blond, soit 2 minutes environ. Déglacez avec le vin de Maury et laissez cuire 8 minutes environ pour obtenir un caramel un peu sirupeux.

/ Versez-le en petit filet sur les figues et le chèvre frais et servez aussitôt.

Semoule à l'orange, caramel à la rhubarbe

Préparation
30 minutes
+ 2 heures au réfrigérateur

Cuisson
20 minutes environ

Ingrédients pour 6 personnes
600 g de rhubarbe
100 g de semoule fine
1 gousse de vanille
2 œufs
50 cl de jus d'orange
1 cuillerée à café de jus de citron
20 g de beurre
160 g de sucre semoule

/ Épluchez la rhubarbe et coupez-la en morceaux.
/ Dans une casserole à fond épais, faites cuire à feu vif 100 g de sucre avec 3 cuillerées à soupe d'eau et le jus de citron jusqu'à l'obtention d'un caramel brun, soit 5 minutes environ. Ajoutez la rhubarbe, laissez cuire 10 minutes à feu moyen en remuant régulièrement.
/ Répartissez dans 6 verres et réservez au réfrigérateur.
/ Dans une casserole, portez à ébullition le jus d'orange avec le reste de sucre, la gousse de vanille fendue en deux et le beurre. Retirez la gousse de vanille et versez la semoule en pluie fine, en fouettant vivement. Poursuivez la cuisson 2 minutes.
/ Séparez les blancs d'œufs des jaunes. Hors du feu, ajoutez les jaunes d'œufs. Mélangez et laissez refroidir quelques minutes.
/ Montez les blancs en neige ferme et incorporez-les délicatement à la semoule.
/ Répartissez la préparation sur le caramel à la rhubarbe et réservez 2 heures au réfrigérateur avant de servir.

Fondants aux spéculos, sauce fudge au chocolat

Préparation
20 minutes
+ 2 heures au réfrigérateur

Cuisson
30 minutes

Ingrédients pour 6 personnes
130 g de spéculos
50 g de cacao en poudre
1 petite cuillerée à café de cannelle en poudre
3 œufs
60 cl de lait
80 g de beurre
+ un peu pour les ramequins
140 g de sucre muscovado ou de vergeoise brune

/ Préchauffez le four à 180 °C (th. 6).

/ Préparez les fondants : dans une casserole, portez le lait à ébullition.

/ Dans un saladier, émiettez les spéculos. Versez le lait bouillant dessus en fouettant vivement, puis ajoutez les œufs sans cesser de fouetter.

/ Versez cette crème dans 6 ramequins beurrés. Enfournez et faites cuire au bain-marie pendant 20 minutes environ.

/ À la sortie du four, laissez refroidir et réservez 2 heures au réfrigérateur.

/ Préparez la sauce : dans une casserole à fond épais, faites fondre le beurre. Ajoutez le cacao et le sucre en fouettant énergiquement, puis versez 5 cuillerées à soupe d'eau et portez à ébullition. Réduisez le feu et laissez frémir pendant 10 minutes en remuant constamment. Retirez la casserole du feu et incorporez la cannelle.

/ Démoulez les fondants aux spéculos dans 6 assiettes et nappez-les de sauce fudge au chocolat.

Mousse au chocolat, caramel aux poires

Préparation
20 minutes
+ 4 h 30 au réfrigérateur

Cuisson
16 minutes environ

Ingrédients pour 6 personnes
150 g de muesli croustillant au chocolat (type Cruesli Quaker®)
3 poires
160 g de chocolat noir à 70 %
4 œufs
1 cuillerée à café de jus de citron
35 g de beurre
220 g de sucre semoule

/ Épluchez les poires et coupez-les en morceaux.

/ Dans une casserole à fond épais, faites cuire à feu vif 200 g de sucre avec 5 cuillerées à soupe d'eau et le jus de citron, jusqu'à l'obtention d'un caramel brun, soit 6 minutes environ. Déglacez avec le beurre et ajoutez les morceaux de poires. Faites frémir pendant 10 minutes.

/ Retirez la casserole du feu, mixez le tout finement et répartissez dans 6 verrines. Réservez 30 minutes au réfrigérateur.

/ Pendant ce temps, séparez les blancs d'œufs des jaunes.

/ Faites fondre le chocolat cassé en morceaux au bain-marie. Hors du feu, ajoutez les jaunes d'œufs en fouettant.

/ Dans un saladier, montez les blancs en neige ferme avec le reste de sucre. Incorporez-les délicatement à la préparation précédente.

/ Répartissez le muesli croustillant sur le caramel aux poires et recouvrez de mousse au chocolat.

/ Réservez 4 heures au réfrigérateur avant de servir.

Crème de brownie, glace vanille et sauce au caramel Mars®

Préparation
30 minutes

Cuisson
8 minutes

Ingrédients pour 6 personnes
250 g de brownie
200 g de barres Mars®
6 boules de glace à la vanille
30 cl de lait
20 cl de crème liquide

/ Dans un saladier, émiettez grossièrement le brownie.
/ Dans une casserole, portez le lait à ébullition. Retirez la casserole du feu et versez le lait sur le brownie en mélangeant à l'aide d'une fourchette.
/ Répartissez la crème de brownie dans 6 verrines et réservez au réfrigérateur.
/ Versez la crème liquide dans une casserole, ajoutez les barres Mars® coupées en petits morceaux et laissez-les fondre 5 minutes à feu doux, en remuant sans cesse avec une spatule. Retirez la casserole du feu et laissez tiédir.
/ Déposez 1 boule de glace à la vanille sur chaque verrine et nappez de sauce.
/ Servez aussitôt.

Sandwich-cakes au mascarpone, sauce fudge à l'abricot

Préparation
15 minutes

Cuisson
7 minutes environ

Ingrédients pour 6 personnes
200 g d'abricots mixés en purée
12 biscuits à la cuiller
250 g de mascarpone
1 cuillerée à café de jus de citron
40 g de beurre
50 g de sucre glace
200 g de sucre semoule

/ Dans un saladier, fouettez le mascarpone avec le sucre glace jusqu'à le rendre onctueux.
/ Tartinez cette crème sur la moitié des biscuits à la cuiller, recouvrez de l'autre moitié des biscuits en pressant légèrement et réservez au réfrigérateur.
/ Dans une casserole à fond épais, faites cuire à feu vif le sucre semoule avec 3 cuillerées à soupe d'eau et le jus de citron jusqu'à l'obtention d'un caramel brun, soit 5 minutes environ.
/ Déglacez avec la pulpe d'abricots. Portez à ébullition et laissez cuire 2 minutes.
/ Retirez la casserole du feu et incorporez le beurre coupé en petits morceaux.
/ Laissez tiédir, nappez les sandwich-cakes de sauce et servez aussitôt.

Équivalences

MESURES LIQUIDES

SYSTÈME MÉTRIQUE	SYSTÈME AMÉRICAIN	AUTRE NOM
5 ml	1 cuillère à thé (cuillère à café française)	
15 ml	1 cuillère à table (cuillère à soupe française)	
35 ml	1/8 cup (tasse française)	1 oz (ou once)
65 ml	1/4 cup ou 1/4 grand verre	2 oz
125 ml	1/2 cup ou 1/2 grand verre	4 oz
250 ml	1 cup ou 1 grand verre	8 oz
500 ml	2 cups ou 1 pinte	
1 litre	4 cups ou 2 pintes	

MESURES SOLIDES

SYSTÈME MÉTRIQUE	SYSTÈME AMÉRICAIN	AUTRE NOM
30 g	1 oz	
55 g	1/8 lbs	2 oz
115 g	1/4 lbs	4 oz
170 g	3/8 lbs	6 oz
225 g	1/2 lbs	8 oz
454 g	1 livre	16 oz

CHALEUR DU FOUR

CHALEUR	° CELSIUS	THERMOSTAT	° FAHRENHEIT
Très doux	70 °C	Th. 2-3	150 °F
Doux	100 °C	Th. 3-4	200 °F
	120 °C	Th. 4	250 °F
Moyen	150 °C	Th. 5	300 °F
	180 °C	Th. 6	350 °F
Chaud	200 °C	Th. 6-7	400 °F
	230 °C	Th. 7-8	450 °F
Très chaud	260 °C	Th. 8-9	500 °F

Du même auteur…

…dans la même collection

- Craquez pour Bali !
- Craquez pour les yaourts !
- Craquez pour le surimi !
- Craquez pour la banane !
- Craquez pour les wraps !
- Craquez pour le Petit Billy !
- Craquez pour les tartares !
- Craquez pour les cupcakes !
- Craquez pour les lasagnes !
- Craquez pour la sardine !
- Craquez pour les soufflés !
- Craquez pour le risotto !
- Craquez pour les tartes !
- Craquez pour la plancha !
- Craquez pour les cannelés !
- Craquez pour les fruits secs !
- Craquez pour les terrines !
- Craquez pour le pain grillé !
- Craquez pour les petits farcis !
- Craquez pour la noix de coco !
- Craquez pour les biscuits apéro !
- Craquez pour les brochettes !
- Craquez pour les œufs cocotte !
- Craquez pour le pain maison !
- Craquez pour les tourtes et pies !
- Craquez pour les barres céréales !
- Craquez pour les petits biscuits !
- Craquez pour les crevettes !
- Craquez pour les charlottes !
- Craquez pour les tapas !
- Craquez pour le foie gras !
- Craquez pour les Saint-Jacques !
- Craquez pour les coquillages et crustacés !
- Craquez pour les moelleux sucrés !
- Craquez pour le croque-monsieur !
- Craquez pour les moelleux salés !
- Craquez pour la cuisine des ch'tis !
- Craquez pour les graines germées !
- Craquez pour les petites mousses !
- Craquez pour les donuts et bagels !
- Craquez pour les flans et clafoutis !
- Craquez pour les sauces et marinades !
- Craquez pour le riz et les nouilles sautés !
- Craquez pour les fondues et raclettes !
- Craquez pour les crèmes maison !
- Craquez pour les boulettes !

Édition : Barbara Sabatier et Adèle Vay - Maquette : Natacha Marmouget - Fabrication : Thierry Dubus et Florence Bellot
N° d'édition : M11097 - Code MDS : 73806 - ISBN : 9782317000201
Photogravure : Amalthéa
Achevé d'imprimer en août 2011 par Gruppo Editoriale Zanardi en Italie
Dépôt légal : août 2011 - Édition N°1